ÉLOGE

DE

M. LE COMTE DE COMBETTES DU LUC

COMMANDEUR DE L'ORDRE DE SAINT-GRÉGOIRE-LE-GRAND

*Prononcé dans la Basilique
de Notre-Dame de Lourdes le 19 août 1886*

Par M. l'Abbé LAFORGUE

CURÉ DE SAINT-PIERRE DE RABASTENS
Aumônier principal des Hospitaliers de Notre-Dame de Salut

ALBI
IMPRIMERIE HENRI AMALRIC
1886

ÉLOGE

M. LE COMTE DE COMBETTES DU LUC

COMMANDEUR DE L'ORDRE DE SAINT-GRÉGOIRE-LE-GRAND

*Prononcé dans la Basilique
de Notre-Dame de Lourdes le 19 août 1886.*

Par M. l'Abbé LAFORGUE

Curé de Saint-Pierre de Rabastens
Aumônier principal des Hospitaliers de Notre-Dame de Salut

ALBI
IMPRIMERIE HENRI AMALRIC
1886

ÉLOGE

DE

M. LE COMTE DE COMBETTES DU LUC

Messieurs,

Il y a des devoirs dont l'accomplissement coûte
des larmes en même temps qu'il fait éprouver des
consolations. Tel est celui qui s'impose en ce jour
à un ami de la première heure, qui resta fidèle
pendant trente-six ans. Déjà, vous avez nommé
le gentilhomme accompli, le catholique fervent,
qui fut la moitié de mon âme. Oui, l'ombre de
M. Maurice-Marie-Louis de Combettes du Luc se
montre à vos yeux attristés, et vous vous demandez
peut-être comment le Ciel l'a sitôt ravi à la terre.
Adorons tous, Messieurs, les desseins de la Provi-

dence, et que la mort prématurée de l'ami si digne de nos pleurs nous fasse jeter un regard sur sa vie si féconde en mérites.

Il n'avait que huit ans, lorsque je le vis pour la première fois, et ce fut au mois d'août 1849 que je devins son précepteur. L'aménité de son caractère et sa précoce intelligence firent que je me donnai à lui tout entier et tout d'un coup. Du reste, il comprit si bien mon affection et mon dévouement, qu'il se donna lui-même à moi sans réserve ; tellement que, malgré les sages représentations de sa famille, il voulut absolument, comme son frère, m'avoir pour directeur spirituel. En vérité, cette charge fut d'autant plus légère, que je n'eus jamais besoin de lui rappeler ses devoirs religieux. La prière montait naturellement de son cœur sur ses lèvres, et il était heureux toutes les fois qu'il épanchait son âme aux pieds du ministre sacré : c'est que déjà ces choses se présentaient à lui comme les moyens les plus capables d'assurer la fidélité à Dieu.

Avec de telles dispositions et sur l'invitation pressante du vénérable pasteur de Notre-Dame de Rabastens, je le préparai à la première communion, bien qu'il ne fût âgé que de neuf ans et quelques mois. De tous les enfants qui participèrent avec lui au banquet eucharistique, il était certainement le plus jeune ; mais je doute fort qu'il y en eût de mieux disposés. Peu de temps après ce grand acte de la vie, nous eûmes l'occasion de constater, sans qu'il le voulût, les pieux sentiments dont je parlais tout à l'heure et qui s'étaient développés dans son âme à la table sainte.

La famille de Combettes venait d'être saisie par de cruelles angoisses, et le jeune Louis disparut. Nous le cherchâmes avec la plus vive inquiétude, et, ne parvenant pas à le découvrir, nous étions deux fois malheureux. Enfin, dans un des coins les plus reculés du manoir paternel, nous le trouvâmes agenouillé devant une image de Marie, le visage inondé de larmes, et priant de tout son cœur pour sa sœur mourante à Paris. Avouez, Messieurs, que cet acte de piété était d'autant plus édifiant qu'il s'accomplissait sous le seul regard de Dieu. Le Ciel, qui avait déjà tressé une couronne, n'exauça pas ses vœux ; au contraire, quatre mois après, il lui imposa un sacrifice nouveau. Alors, il ne lui fut pas possible de prier dans la solitude ; mais son lit, où le retenait une assez grave maladie, devint un oratoire, et Dieu sait combien de prières il fit monter vers son trône pour la guérison de son bien-aimé Charles.

Tel je le vis jusqu'à la mort de ce frère aîné, tel il se montra pendant trois années encore. Où donc chercher, Messieurs, le principe de ses heureuses inclinations? Vous avez dit en vous-mêmes : au sein de sa famille. La Religion, en effet, avait été toujours en honneur dans sa race, et ceux qui lui donnèrent la vie étaient des chrétiens de grande marque. Les bons arbres, lisons-nous dans l'Évangile, produisent de bons fruits.

Est-ce à dire, cependant, que mon jeune élève fût à l'abri de toute petite défaillance? Ce serait être excessif dans la louange. Mais savez-vous le terrible châtiment que je lui infligeais pour ses fautes, toujours légères? Je ne l'embrassais pas quand il allait prendre le repos de la nuit. Il fallait voir alors couler ses larmes! Il fallait entendre ses cris déchirants! J'avais beau m'armer de courage ; j'avais beau vouloir résister à ses supplications : j'étais toujours vaincu. Heureuse défaite qui soulageait mon cœur et donnait à mon bien cher Louis un paisible sommeil!

Aurais-je tout dit, si je n'ajoutais pas qu'il était au bonheur quand il rencontrait des pauvres. Aussi bien sa famille lui fournissait souvent l'occasion et les moyens de soulager l'indigence. Le plaisir de faire l'aumône, goûté dès ses premiers ans, devint

— 7 —

pour lui une véritable passion, à laquelle il obéit jusqu'à son dernier jour, et Dieu seul connaît le nombre de ses bonnes œuvres.

Enfin, après plusieurs années de vie commune et d'union intime, sonna l'heure de notre séparation, et je ne puis vous dire lequel des deux en éprouva plus de chagrin.

Le P. Lacordaire, qui devait jeter un si grand éclat sur l'école de Sorèze, ne tarda pas à prendre en affection le jeune de Combettes, et, grâce à l'attachement paternel que lui voua l'illustre Dominicain, mon ancien élève s'habitua à la vie du collège. Dans mon amitié jalouse, j'eus la faiblesse de craindre que le second maître ne fît oublier le premier. Il n'en fut pas ainsi, car le nouveau Sorézien avait assez de cœur pour nous aimer tous deux. De nombreuses lettres, conservées avec soin, diront, même quand je ne serai plus, que mon disciple ne consentit jamais à m'ensevelir dans l'oubli.

Cinq ans s'étaient écoulés depuis son entrée à l'ancien couvent des Bénédictins, ressuscité par l'incomparable fils de saint Dominique, quand il subit avec honneur les épreuves du baccalauréat. En mémoire de ce succès, pour lequel j'avais fait les plus ardentes prières, mon bien-aimé Louis me donna les œuvres du conférencier de Notre-Dame de Paris, et, sur la première page du premier volume, il écrivit la dédicace suivante : « *A mon ancien précepteur, et je puis dire à mon ami, Monsieur l'abbé Laforgue.* » Quelle délicatesse dans cet hommage ! En offrant à son humble précepteur les œuvres de son grand maître, il savait que le premier était un admirateur passionné du second ; et c'est ainsi que, dans un même sentiment d'affectueuse reconnaissance, il réunissait deux hommes séparés l'un de l'autre par une distance infinie.

Ses études classiques ayant pris fin, il commença le droit. Hélas ! que de jeunes gens vont à Paris pour donner à gauche ! Notre ami évita les dangers de la capitale par deux puissants moyens : premièrement, par la fréquentation de la meilleure société parisienne, au sein de laquelle il rencontra souvent Berryer, de Montalembert, l'abbé Pereyve et d'autres de cette grande lignée ; secondement, par la Conférence de Saint-Vincent de Paul, dont il fut reconnu comme un des membres les plus actifs et les plus dévoués. C'est à ce titre qu'on lui confia les pauvres de Saint-Marceaux, et vous savez, Messieurs, que, dans ce quartier de la capitale, il ne suffit pas toujours d'être charitable, mais qu'il faut encore accompagner l'aumône de pieuses industrices pour la faire accepter. Or, M. de Combettes était si pénétré de sa charge, j'allais dire de son apostolat, qu'il ne reçut jamais que des témoignages de reconnaissance.

Et maintenant, pourrait-on s'étonner si je disais que ses nobles sentiments lui valurent une magnifique récompense? Ne sait-on pas, en effet, que Dieu unit sa main à celle d'une jeune personne éminemment distinguée à tous les points de vue? L'église dédiée à sainte Clotilde, reine de France, reçut les serments sacrés, et, sans le moindre retard, les heureux époux partirent pour Rome, où l'immortel Pie IX leur donna sa paternelle et très précieuse bénédiction.

Pour des cœurs chrétiens et des esprits cultivés, Rome et l'Italie offrent des attraits irrésistibles. C'est ce qui les retint loin de nous pendant le quart d'une année. Il fallut bien, cependant, rentrer dans la mère-patrie pour combler les vœux de deux familles également impatientes. Enfin, la cité de Rabastens salua, joyeuse, le retour d'un de ses enfants qui devait lui faire honneur. Témoin et objet tout à la fois des plus sympathiques démonstrations, la jeune compagne de notre ami ne voulut, malgré sa grande fortune, d'autre résidence que cette petite ville enchantée. Bien en valut à celle-ci, car l'hôtel de Combettes devint le refuge des nécessiteux aussi bien que le rendez-vous de la haute société. Ainsi se réa-lisait, dans cette maison, hospitalière par excellence, la touchante parole de l'Apôtre : *Omnibus omnia factus sum.*

Loué des uns pour ses manières exquises, béni des autres pour sa générosité sans mesure, l'ami que nous pleurons s'imposait naturellement aux suffrages de ses concitoyens....... Il resta simple propriétaire. Je me trompe, car il fut appelé à un poste d'honneur, préférable, pour lui, à toute autre distinction. Il reçut, en effet, le titre de Président de l'Hospitalité de Notre-Dame de Salut et de l'Hospitalité de Notre-Dame de Lourdes, deux œuvres sœurs, mais qui ne peuvent être menées à bonne fin que par un dévouement sans défaillance, un tact parfait et une courtoisie soutenue. Or, vous savez, Messieurs, à quelle hauteur M. de Combettes éleva ces choses. Quel respect, quelle déférence pour les Missionnaires de l'Immaculée-Conception et pour les Pères Augustins de l'Assomption ! Quels égards et quelle amabilité dans ses rapports avec vous ! Quel zèle et quelle ardeur pour l'organisation et la régularité des multiples et difficiles services du Pèlerinage national ! Il allait, il venait, il se trouvait partout. Le premier au travail, il ne croyait avoir fini sa journée

que lorsqu'il se rendait le témoignage de l'avoir con-
sacrée tout entière au service de Marie, des infirmes
et des malades. Comment, avec une santé loin d'être
parfaite, a-t-il pu résister sept ans à son écrasant
fardeau ? Ne faut-il pas croire qu'en donnant une
vocation, Dieu fournit les moyens d'en remplir les
devoirs ?

Et ce n'est pas seulement sur le lieu de l'Appari-
tion qu'il déployait sa piété envers Notre-Dame de
Lourdes ; c'est pendant l'année tout entière qu'il
s'occupait de l'œuvre admirable à laquelle vous vous
êtes vous-mêmes consacrés. Combien de fois ne l'ai-
je pas vu dans sa belle bibliothèque, écrivant aux
vénérés Gardiens de la Basilique et de la Grotte, aux
vaillants Pères de l'Assomption, aux membres de
l'Hospitalité, aux malheureux qui imploraient sa
protection, ou plutôt sa charité, pour avoir le voyage
et le séjour gratuits au pays des miracles ! Jamais
une lettre, si obscur qu'en fût le signataire, ne
demeura sans une réponse bienveillante, et j'estime
qu'il en écrivait de sa main près de quinze cents
chaque année. C'est que sa correspondance s'éten-
dait bien au-delà des frontières de la Patrie. N'y
avait-il pas à craindre que le travail excessif, auquel
il se livrait avec passion, ne lui portât, un jour ou
l'autre, un coup mortel ?

C'était un dimanche, le 7 du mois de mars. Comme s'il eût voulu me dire un dernier adieu, ce vrai *chevalier* de la Très Sainte Vierge vint me joindre après notre Office du soir, et le sujet de notre conversation fut le prochain Pèlerinage national. Le lendemain, bien avant le lever du soleil, il était prosterné, non pas devant la Grotte de Massabielle, mais là-haut, au pied du trône de Marie. La mort l'avait pour ainsi dire respecté ; et, tandis que la nature de son mal nous faisait redouter pour lui les plus atroces douleurs, il avait passé sans effort et pendant son sommeil de l'exil à la patrie. Oh ! l'ineffable pèlerinage que celui de la terre au Ciel !

En apprenant cette mort soudaine, toute la ville fut plongée dans la consternation. On s'abordait en silence, le front couvert d'un voile de tristesse, et, quand les lèvres contractées essayaient d'articuler quelques mots, elles n'en pouvaient plus dès qu'elles avaient dit : Quel malheur ! Et oui, quel malheur pour sa famille adorée ! Quel malheur pour ses innombrables amis ! Quel malheur pour les pauvres et les ouvriers sans travail ! J'allais ajouter : Quel malheur pour l'œuvre de l'Hospitalité ! quand mes yeux ont aperçu l'Elisée (1) si digne de porter le

---

(1) **M.** Fernand de Carrière.

manteau d'Elie. Comme vous, Messieurs, je le salue avec la plus respectueuse et la plus cordiale sympathie.

Quel malheur! Cette douloureuse exclamation était un sincère et magnifique éloge; mais Rabastens ne voulut pas s'en contenter, et c'est surtout au jour des funérailles que cette ville se montra éloquente dans la manifestation de ses sentiments. Jamais, non, jamais, on n'avait vu autour d'un cercueil une foule aussi nombreuse et aussi attendrie; jamais on n'avait vu des restes mortels couverts d'aussi belles couronnes. C'était à redire les paroles de l'Ecriture : *O mort, où est ta victoire ? O mort, où est ton aiguillon ?*

Sans être étonnés, Messieurs, vous fûtes profondément émus de ces éclatants hommages; et pourquoi n'ajouterais-je point que votre présence produisit, au sein de notre excellente population, un effet salutaire. Oui, on vous admira quand on vous vit, vos nobles bretelles sur les épaules, lever fièrement votre bannière, porter avec une piété fraternelle celui qui fut notre bien-aimé Président, et faire garde d'honneur à la croix de saint Grégoire le Grand, qu'il avait si bien méritée.

C'est ainsi que vous l'accompagnâtes jusqu'à sa

dernière demeure ici-bas. La tombe était ouverte ;
mais, avant de lui confier ce vaillant chrétien, qui
semblait vivre encore, *adhuc defunctus loquitur*,
deux voix éloquentes s'élevèrent pour exprimer, au
nom du pays qui le vit naître, et de l'œuvre qui
l'avait fait mourir, les plus vifs sentiments d'admi-
ration et de regrets. La première fut celle d'un
Magistrat modèle (1), dont notre cité est fière ; la
seconde, celle d'un éminent Hospitalier (2), depuis
longtemps passé maître dans l'art de dire. Oh !
laissez-moi terminer mon discours comme ce dernier
termina le sien. Oui, Messieurs, laissez-moi dire
en finissant : Dans cette Basilique, où priait si
souvent et avec tant de ferveur *l'ami qu'il nous était
doux de nommer le conseil et le guide, promettons
fidélité à son œuvre et à sa mémoire.*

(1) M. le baron de Falguière, maire de Rabastens.
(2) M. de Raymond Cahuzac, mainteneur des Jeux-Floraux.

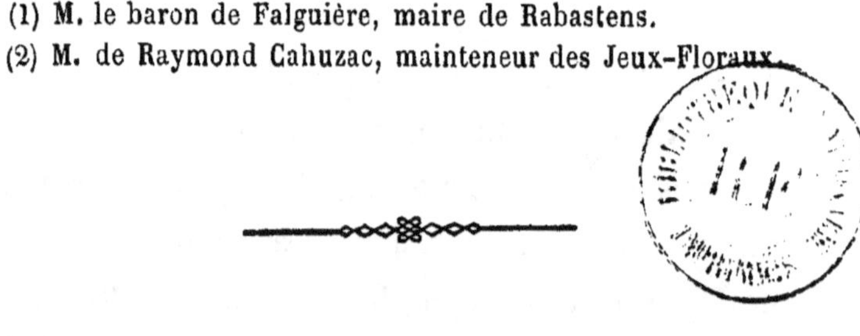